**Karsten Gerloff**

# Professor Leseratte verändert die Welt

**Illustrationen vom „Sonntagsmaler“Hans Hentschel**

VERRAI-VERLAG
STUTTGART

## *Karsten Gerloff*

ist Jahrgang 1966, in Herford geboren und Vater eines Sohnes.

1986 begann er eine Ausbildung in einem mittelständischen, international agierenden Unternehmen, in dem er bis heute tätig ist.

Der Autor beschäftigt sich seit mehr als 3 Jahrzehnten mit Spiritualität. Sein Lehrer und Ausbilder ist seit 2003 Walter Lübeck, Begründer des Rainbow Reiki®.
Mit seiner Frau gibt Karsten Gerloff im In- und Ausland Seminare zur Persönlichkeitsentwicklung auf der Grundlage von Eigenverantwortung, Liebe und Bewusstsein.

Sein Motto: „Gestalte dein Leben – erleide es nicht."

**Kontakt**
www.Ganz-Sein-Manufaktur.de
www.lyrikverbindet.com
karstengerloff@outlook.de

*Dieses Buch widme ich meinem Sohn*

**Nico.**

*Entdecke deine Talente und schenke sie der Welt.*

## *Vorwort*

Liebe Leserin,
lieber Leser,

der Protagonist „Professor Leseratte“ kam im Oktober 2023 zu mir und wollte das Licht der Welt erblicken. Vielleicht, weil die Welt seine außergewöhnlichen Fähigkeiten und Talente gerade jetzt am meisten braucht.

Wie Albert Einstein bereits feststellte, kann man Probleme niemals mit derselben Denkweise lösen, durch die sie entstanden sind.
Wie schön, dass Professor Leseratte gerade jetzt in Erscheinung tritt und uns mit seiner Leichtigkeit und Andersartigkeit sagen möchte: „Mach es doch mal anders.“

Besonders glücklich bin ich über die Mitwirkung von Superintendent i R. Hans Hentschel. Als der „Montagsmaler“ Frank Elstner, der die gleichnamige Sendung ab 1971 moderierte, ihn in Aktion sah, verpasste er ihm den Spitznamen „Sonntagsmaler“. Herr Hentschel zeichnete mir in 3 Wochen alle Illustrationen zu den 22 Gedichten. Vielen Dank dafür.

Nun viel Vergnügen bei der Lektüre und den Geschichten des Professor Leseratte.

Karsten Gerloff

## *Inhalt*

## *Ein besonderer Reichtum*

Der Professor Leseratte,
der nie genug Moneten hatte,
der ist heute steinreich,
so etwa wie ein Scheich.

Sein Konto droht zu platzen,
das pfeifen schon die Spatzen,
doch sind es keine Scheine,
die da an seiner Leine
millionenfach abhängen
und viele Räume sprengen.

Buchstaben sind sein Gut,
die er da sammeln tut
und macht er Inventur,
entsteht dadurch nicht nur
ein größeres Vermögen,
das viele gerne mögen.

Beim jährlichen Umschichten
entstehen neue Geschichten.
Der Professor Leseratte
unterrichtet auch noch Mathe.

## *Die Gedanken*

Der Professor Leseratte
führt eine stumme Debatte
mit seinen Gedanken,
die bringen ihn ins Wanken
an nicht so guten Tagen,
wenn Wellen höherschlagen.
Dann fühlt er sich oft klein,
schuldig und allein.
Sie vermitteln das Gefühl,
er kann nicht wirklich viel.

An wirklich guten Tagen
hörte er sich schon sagen:
„Nimm Ängste nicht so wichtig,
du bist doch immer richtig.
Geh' einfach deinen Weg,
der ist halt manchmal schräg.
Wer will sich denn verstecken
hinter geraden Strecken?
Der Holzweg bringt dich weiter
auf der Erkenntnisleiter.

Die Beulen und die Schrammen,
die von Erfahrungen stammen,
die formen Charaktere,
die auch bei jeder Schwere
nicht gleich die Flügel strecken,
sich die Wunden lecken
und einfach weitermachen,
vielleicht über sich lachen."

Alsbald endet der Dialog,
der in die falsche Richtung bog
in ruhigem Gewässer,
nun geht's ihm wieder besser.

Nach der gedanklichen Sirene
hilft die Dialog-Hygiene.

## *Die Phantasie*

Der Professor Leseratte
unterrichtet nicht nur Mathe,
er lehrt auch Phantasie,
in ihm steigt, wie noch nie,
ein Glücksgefühl empor
und schleicht sich übers Tor
in seinen großen Garten,
dort – wo sie alle warten,
die vielen kleinen Kinder,
als zukünftige Erfinder.

Mit Brenner und Pipette,
der Klaus und die Annette
entwickeln Wolke acht
mit Vorsicht und Bedacht
als Nachfolger von sieben,
die war halt stehen geblieben.

FANTASIE
GENIE
!
E=mc²

## Die Hängematte

Der Professor Leseratte
liegt in seiner Hängematte
unter großen Bäumen
und beginnt zu träumen
von bunten Galaxien,
die schnell vorüberziehen.

Von Düften und von Klängen,
die an Fäden hängen,
an Wänden und an Türen,
er kann sie sogleich spüren
in Fingern und in Zehen
kann er sie sogar sehen.

Sie strahlen richtig bunt
auf seinen kleinen Mund.
Aus ihm formen sich Sätze,
belegen alle Plätze,
so weit sein Auge reicht,
er fühlt sich jetzt so leicht.

Ein Satz beginnt zu sprechen
und lässt die Stille brechen,
ein anderer hinterher,
es werden immer mehr,
die sich nun alle zeigen,
gebrochen ist das Schweigen.

Das Märchen ist vollendet,
Professors Traum beendet.
Die einfache Hängematte
von Professor Leseratte
ist ein Geschichtenproduzent,
der den Wunsch der Seele kennt.

Nun macht er täglich brav
seinen Mittagsschlaf.

## Die Krawatte

Der Professor Leseratte
trägt eine edle Krawatte
mit ausgefallenen Stoffen,
vor kurzem eingetroffen
mit schönen Ornamenten
aus allen Kontinenten
von Meisterhand kreiert
und goldenem Saum verziert.

Trägt er sie auf der Haut,
ist er sogleich vertraut
mit östlichen Denkweisen,
muss dazu nicht verreisen,
kann Sprachen wie Mauretanisch,
Arabisch oder Spanisch,
kennt Nord- und Südamerika,
als wäre er seit Jahren da.

Mit genau dieser Krawatte
führt er jede Debatte
aus möglichst jeder Sicht
und diese Art besticht.
Die Krisen sind geschlichtet,
weil jeder Punkt belichtet.

Das ist Diplomatie
und hat was von Magie.

## *Der Reiseführer*

Der Professor Leseratte
reist mit seiner Isomatte
in entfernte Länder,
trägt bunte Gewänder,
schmeckt edle Gewürze,
lernt freudig in Kürze
viele Sprachen kennen,
entwickelt feinere Antennen
für die Landeseigenheiten
und das ist in allen Zeiten
eine tolle Eigenschaft,
die ganz viel Verständnis schafft.

Würden Diktatoren,
ganz egal, wo sie geboren
Land und Leute so bereisen,
abends dann mit ihnen speisen,
entwickelte sich mehr Verständnis
und sogar das Eingeständnis,
vom Wörtchen Kompromissen
so gut wie nichts zu wissen,
von permanenter Angst und Not,
die immer noch zu vielen droht,
keine Notiz zu nehmen,
sie sollten sich was schämen.

Anstatt Kriege zu schüren,
lernen sie richtig führen,
die Möchtegernregierer
durch einen Reiseführer.

Mit Professor Leseratte
reisen sie mit Isomatte.

## *Der Seelenstern*

Professor Leserattes Seelenstern
strahlt und leuchtet nachts von fern.
Er hat sich leis' nach vorn geschoben
und trifft Professors Herz von oben.

Das Licht erfüllt jetzt alle Zellen,
die Energie – sie fließt in Wellen.
Professor Leseratte wird aktiv,
kein Gedanke sitzt mehr schief.

Er erfindet tolle Sachen,
die den Menschen Freude machen
und auch sehr nützlich sind,
entwickelt er nun recht geschwind.

Ein Seelenstern für alle Leute,
das ist Professors Plan für heute.
Eröffnung einer Weltoase,
da gibt's die Seelensternmassage.

Es entstand ein Paradies,
das niemand mehr im Traum verließ.

## Der Koch

Professor Leseratte ist auch Koch,
er ritzt ein kleines Loch
in jedes Utensil,
sehr, sehr klein – nicht viel.

In Brokkoli und Blattsalate,
in Klöße und in Kürbistarte.
Gelöchert wird der Käse,
auch Pommes frites mit Mayonnaise.

Ins Loch haucht er ein Wort,
das bleibt für immer dort.
Das Wörtchen lautet „DANKE“
und heilt fast alle Kranke,
die diese Nahrung essen,
es sind Delikatessen.

Das „DANKE“ auf der Zunge
passiert sogleich die Lunge,
dann Magen und den Darm,
versprüht hier seinen Charme.

Es breitet sich im Körper aus,
die Zellen zollen ihm Applaus
und speichern es für immer
in jedem Zellenzimmer.

Der Professor heilt mit Worten
im Brot und auch in Torten.

## *Der Dirigent*

Professor Leseratte ist auch Dirigent,
der sogar die Stücke kennt,
die noch niemand hat geschrieben
oder unkomplett geblieben.

So nimmt er einen Teil,
verknüpft ihn mit dem Seil,
aus jedem Lied ein Stück,
der Rest – der bleibt zurück
zur neuen Partitur,
vertont er dann in Dur
zur Weltenmelodie.
Die Furcht geht in die Knie,
die die Menschheit lange lähmte
und sehr stark die Freude zähmte.

Wenn Professor Leseratte dirigiert,
es ist verrückt, was dann passiert.
Nach den allerersten Klängen
verstummen auf den Rängen
die allergrößten Traumata,
Lust und Freude sind jetzt da.

Wenn der Professor dirigiert,
ist ein jeder stark berührt.

## Der Anästhesist

Professor Leseratte ist auch Anästhesist,
als großer Humanist
entwickelt er Narkosen,
die wirken wie Hypnosen.

Er führt jeden Klient
besonders effizient
in ein Labyrinth,
da ist man wieder Kind.

Schmerzen sind verwirrt
und werden abgeführt.
Ängste sind tabu,
verwandeln sich im Nu.

Was bleibt, ist Leichtigkeit
und schon verfliegt die Zeit.
Der Eingriff ist beendet,
keine Chemie verwendet.

Von fast allen unbemerkt,
fühlt sich der Patient gestärkt.
Die Narkosen, die sind schonend,
für alle Seiten lohnend.

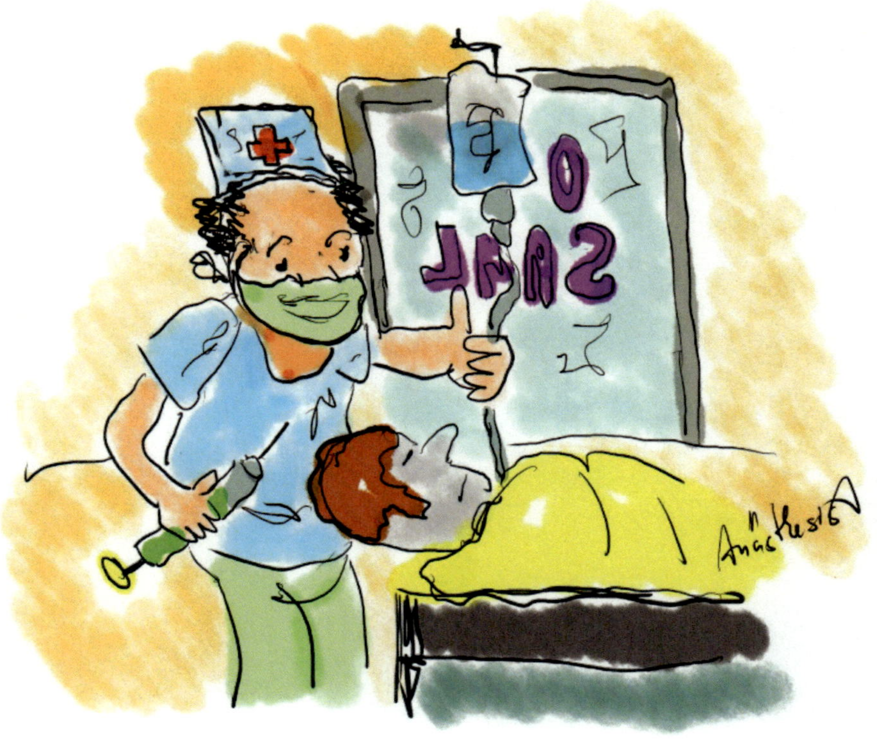

## Der Designer

Professor Leseratte ist auch ein Designer
oder Bekleidungsschreiner.
Er macht tolle Gewänder,
hängt sie auf alle Ständer,
der Raum verändert sich
und wird gleich königlich.

Wenn man so ein Bekleidungsstück
und auch nur für einen Augenblick
auf seiner Haut verspürt,
ist man total berührt.

Die Sinne explodieren,
die Zellen jubilieren
und fühlen sich so leicht,
es ist ein Grad erreicht,
der grenzt fast an Ekstase,
so wie in einer Blase,
eine Sinneskur,
ein jeder möchte nur
solch ein Stück erwerben,
für immer tragen – darin sterben.

Das ist eine Kreativität,
wie sie in keinem Buche steht.

Designed

## *Der Gleisbauer*

Professor Leseratte ist auch ein Gleisbauer,
er plant das viel genauer
als die Deutsche Bahn,
die kann sich nur verfahr'n.

Aus jedem Knotenpunkt
macht er in schönstes Licht getunkt
humane Wohlfühlstrecken,
die nach Entspannung schmecken.

Jeder will verweilen,
niemand will mehr eilen.
Man möchte Zeit verbringen
und mit den anderen schwingen.

Jeder kleinste Stau
verläuft ohne Radau.
Es wird echt applaudiert,
wenn so etwas passiert.
Man nutzt die Zeit mit Küssen,
ergießt sich in Genüssen.
Man streicht sich sanft durchs Haar,
als Fremder oder Paar.

Die Bahn hat's nicht kapiert,
wie das so funktioniert.
Zweisamkeit mehr stärken,
speziell auf den Stellwerken.

Liebe geht halt durch den Magen
im vollen Speisewagen.
Wer würde sich beklagen
im prächtigen Schlafwagen?

Ein Schaden an der Oberleitung
steht nächsten Tag gleich in der Zeitung
als riesengroße Sause,
niemand wollte nach Hause.

Das wär' mal ne Kundenbindung
und ne Krisenüberwindung.

## Der Journalist

Der Professor Leseratte ist auch Journalist
und veröffentlicht als Publizist
Zeitschriften und Magazine,
Pokale stehen in der Vitrine
für positive Berichterstattung,
anders als in seiner Gattung
üblich ist.
Da wird dann doch mit List
eher Angst geschürt,
was halt dazu führt,
dass man bald den Eindruck hat,
dass nahezu in jeder Stadt
das Chaos Einmarsch hält
und die Moral verfällt.

Die Leser, die sind angstbesetzt,
das Nervenkostüm ist zerfetzt.

Professor schreibt andere Berichte
und formuliert jede Geschichte
mit Hoffnung und mit Zuversicht,
das ist für ihn halt eine Pflicht.

Das Gute im Menschen erkennen
und Schönheit mit Namen benennen.

Journalist
ZEITUNG
Nachrichten

## Der Masseur

Professor Leseratte ist auch ein Masseur,
der Kunde Profiteur,
wenn seine Hände gleiten
über die Körperseiten.

Es sind nicht nur die Hände,
die dann ganz bis zum Ende
den Zauber hier versprühen
und Muskeln neu aufblühen.

Es ist auch dieser Blick,
der wirklich Stück für Stück
Blockaden schmelzen lässt,
eben war noch alles fest.

Der Blick gibt das Signal,
die Schwingung wird vital,
die Hände stimmen ein,
die Sinne sind jetzt fein.

Es kommt alles in Fluss,
ein vollkommener Genuss.
Professor als Masseur
ist ein magischer Jongleur.

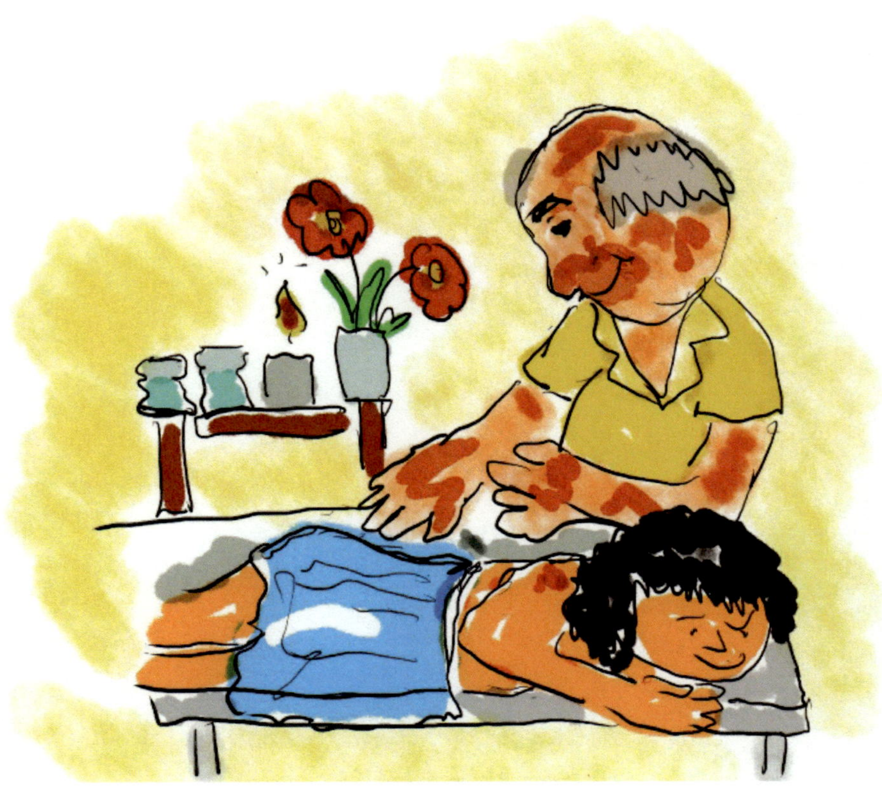

## Der Dachdecker

Professor Leseratte ist auch ein Dachdecker,
noch nie gab es Gemecker
für seinen treuen Dienst,
ganz allein sein Verdienst.

Die Pfannen auf dem Dach,
man sieht – er ist vom Fach,
sind unterschiedlich bunt
und das ist auch der Grund,
warum so ein Gebäude
einfach strahlt vor Freude.

Die vielen Sonnenstrahlen,
die mit den Dächern malen,
verbreiten bunte Luft
und so ein' tollen Duft,
der jedermann betört,
wie ein schöner Flirt.

Man kann ihn echt nur loben,
denn alles Gute kommt von oben.

## *Der Dentist*

Professor Leseratte ist auch ein Dentist,
je nachdem, mit welchem Zahn er gerade isst,
kommt ein Potenzial hervor,
wie hochgeholt aus dem Tresor.

Kaut er auf dem Backenzahn,
kann er speziell gut Auto fahr'n.
Benutzt er mehr den Schneidezahn,
hat er besonders viel Elan,
beim Arbeiten im Garten
mit Rechen und dem Spaten.

Hat er den Fünfer im Gebrauch,
verlässt er sich auf seinen Bauch,
wenn er entscheiden muss,
vertraut er seinem Fluss.

Beim Nutzen von dem Zweier
lüftet sich dann der Schleier,
was das Gefühl angeht,
bis er sich mehr versteht.

Professor als Dentist
ist einfach ein Artist.

## Der Pharmakant

Professor Leseratte ist auch Pharmankant
und mixt mit seiner Hand
die heilsamsten Arzneien,
sie allesamt befreien
die Menschen von den Schmerzen,
das liegt ihm auch am Herzen.

Zwei Zentiliter Liebe
rührt er durch alle Siebe
und eine Prise Lust
hilft gegen den Frust.

Es fehlt noch etwas Sinnlichkeit,
die doch recht schnell von Angst befreit
und eine Menge Freude,
davon man nichts vergeude.

Der Sinn, der darf nicht fehlen,
das brauchen alle Seelen.
Jetzt alles kräftig rühren,
das öffnet alle Türen
für schnellere Genesung,
das ist die beste Lösung.

Der Professor als Pharmakant
hat die Rezeptur erkannt.

IBU 400

## Der Florist

Professor Leseratte ist auch ein Florist,
der mit allergrößter List
Blumensträuße bindet,
die man nirgendwo findet.

Es sind Kombinationen,
die wie Meditationen
Wirkungen entfalten
und Räume neu gestalten.

Sie wirken nicht nur visuell,
die wie ein großer Quell
sich im Raum ergießen,
über die Flächen fließen.

Auch sind es die Gerüche,
vom Bad bis in die Küche,
die wie aus fernen Ländern
das Klima gleich verändern.
Der Mix der vielen Arten,
die in Erscheinung traten,
der ist vielen verborgen,
doch auch der Trend von morgen.

So ist doch der Florist
ein Klimakomponist.

## Der Fotograf

Professor Leseratte ist ein Fotograf,
die Bilder, die sind scharf,
viel schärfer als normal,
das ist verdammt genial.

Es zeigen sich auf Fotos
und das sind nicht nur Protos,
fabelhafte Wesen,
die, wie im Buch gelesen,
aus Zwischenwelten stammen
und Sehnsüchte entflammen.

Wenn man die Bilder sieht,
ist das, was dann geschieht,
so etwas wie Magie
aus einer Galaxie,
die unerreichbar scheint
und mit uns unvereint.

Der Wunsch ist jedoch da,
es scheint plötzlich so nah,
man sieht's doch schwarz auf weiß,
das ist wie ein Beweis.

Was dem Fotografen hier gelingt,
dass er Welten zusammenbringt.

Fotograf

## *Der Straßenbauer*

Professor Leseratte ist ein Straßenbauer,
er verabscheut jede Mauer,
denn Verkehr soll fließen,
in Füssen oder Gießen,
in Gemeinden und in Städten
soll er sich ruhig einbetten.

So baut er in Asphalt,
wie eine Naturgewalt
schwarze und weiße Tasten,
über die Autos hasten.

Es ertönen Melodien
und es entstehen Energien,
die wie Lieder klingen
und den Verkehr zum Fließen bringen.

Staus, die gibt's nicht mehr,
niemand steht mehr quer.
Unfälle sind Vergangenheit,
das wurde auch endlich Zeit.

Durch diesen einen Straßenbauer
fließt der Verkehr nun viel genauer.

## Der Tankwart

Professor Leseratte ist auch Tankwart,
jeder, der dort tankt, der spart,
denn der Sprit, der ist sehr schlau,
er verdoppelt sich genau.
Immer, wenn man rückwärtsfährt
rechnet er dann umgekehrt.

Im Rückwärtsgang wird produziert,
was tatsächlich dazu führt,
dass viele rückwärtsfahren,
um so mehr Sprit zu sparen.

Kaum jemand fährt nun noch zu schnell,
der Anblick, der ist schon speziell,
Verkehr im Rückwärtsgang,
die Schlange ist zwar lang.

Trotzdem ist man rechtzeitig da,
das zeigen Statistiken klar.
Produktion anstatt Verbrauch
und das ist dann ja auch
dem Professor zu verdanken,
bei dem sie alle tanken.

TANKSTELLE
SP AR

## *Die Kissenbibliothek*

Woher hat der Professor Leseratte all sein Wissen?
Nun, er besitzt hunderte von Kissen,
auf die er nachts sein Köpflein schmiegt
und dadurch die Ideen kriegt.

Die vielen kleinen Nervenzellen,
die sich zu Tausenden erhellen,
verbinden sich zu Datenbahnen,
die neueste Erfindungen planen.

Egal, zu welcher Angelegenheit,
er weiß einfach sehr gut Bescheid.
Wäscht seine Frau jedoch ein Kissen,
sind die Gedanken wie zerrissen.

Deswegen gibt's – das ist zwar schräg –
eine Kissenbibliothek,
zu der nur er den Zutritt hat,
das Zentrum der Ideenwerkstatt.

***Bereits erschienen ...***

# Die Welt braucht ...

## Alltägliches in Wort und Bild

Dieser Gedichtband ist eine Hommage an die Frauen, an die Mütter, an die Natur, an alles Schöne und Gute auf dieser Welt. Die Texte beschäftigen sich mit dem Alltäglichen und dem Wundersamen, es geht um Glück und Leid, um die schöne Sommerzeit, aber auch um den grauen Alltag, dem man am besten entflieht. Sogar der kraftspendende Magnolienbaum wird vom Autor gelobt und Frauen, so betont er zurecht, sollten in Unternehmen und im Weltgeschehen viel mehr mitbestimmen. Die Achtung gegenüber Tieren liege im Argen und die unnötig vielen Straßen verbrauchen viel zu viel Natur und versiegeln die Landschaft. Bevor man bei dieser Entwicklung in Trübsal verfällt, sollte man seine Stimme erheben und dagegen ansingen - am besten gemeinsam!

**ISBN 978-3-948342-09-8**

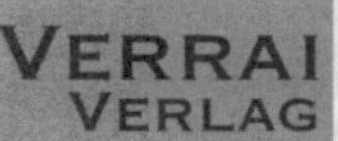


# DIE WELT BRAUCHT ...

ALLTÄGLICHES IN WORT UND BILD

Ein Gedichtband von Karsten Gerloff

# Dein Schutzengel – Ich bin für dich da

**Ein Gedichtband mit Orakelset**
**und einer Illustration von Wolfgang Joop**

Gerade in diesen Krisenzeiten sehnen wir uns nach Menschlichkeit, Natur und Selbstgewissheit. Genau um diese Themen geht es in dem neuen Gedichtband von Karsten Gerloff „Dein Schutzengel – Ich bin für dich da“.

Die Gedichte behandeln aus persönlichem Blickwinkel die oben genannten Aspekte, können aber auch einzeln gelesen werden. Sie bestechen durch eine pointierte, melodiöse Sprache, die nicht nur den Intellekt, sondern auch die emotionale Seite anspricht. Somit können wir eintauchen in eine Welt der Harmonie und der Selbsterfahrung.

Neben den Gedichten gibt es noch Orakelkarten, die dazu dienen sollen über unseren Alltag zu reflektieren.

Ein nicht alltäglicher Gedichtband mit tollen Illustrationen von Freunden aus 9 verschiedenen Ländern und dem Designer Wolfgang Joop.

Was wäre die Welt ohne Hoffnung, Träume und gute Freunde?

**ISBN 978-3-948342-47-0**

VERRAI
VERLAG
DEIN SCHUTZENGEL –
ICH BIN FÜR DICH DA
Karsten Gerloff
Ein Gedichtband mit Orakelset und einer
Illustration von Wolfgang Joop
4. Danke
Dankbarkeit
3. Bildung
Mit Spaß lernen
2. Besinnung
Thema: Zeit für dich
1. Bei Licht betrachtet
Thema: Sorgen

# *Impressum*



Bibliografische Information der Deutschen Nationalbibliothek:

Die Deutsche Nationalbibliothek verzeichnet diese Publikation in der Deutschen Nationalbibliografie; detaillierte bibliografische Daten sind im Internet über http://dnb.d-nb.de abrufbar.


Email: redaktion@verrai-verlag.de


https://verrai-verlag.de

1. Auflage März 2024

Umschlaggestaltung:
**atelier ehrle**

Illustrationen und Titelbild:
Hans Hentschel

Printed in Germany
ISBN 978-3-910919-09-9